Citrus Citrea

# SEX-icon

*Erotisch göttliche Freude*
*&*
*piacere erotico divino*

*Citrus Citrea: SEX-icon*

Copyright by Citrus Citrea
Herstellung und Verlag
Wortspiele und Zeichnungen

# SEX-icon

Göttliche Sexualität ist für mich verbunden mit einem Liebesgefühl meinem Mitmenschen und mir selber gegenüber - das Liebesgefühl beinhaltet für mich eine Verantwortung. Bei der Liebe empfinde ich eine natürliche, sinnliche und göttliche, lustige, sextatische Freude. Das Spektrum zwischen der reinen, allumfassenden Liebe und der erotischen, körperlich-sexuellen Liebe, die überlappenden und die ineinander greifenden Ebenen sind multiple.

Kurz: Das Sexual-Chakra manifestiert sich über sich selbst, über eines der anderen der sechs Chakren oder mehrere andere gleichzeitig. Es erblüht über ein Blumenwunder eines dies- und jenseitigen, fünf-dimensionalen Girlandengeflechtes.

Entstanden sind die Wortspiele in deutscher, italienischer, lateinischer, französischer Sprache und die Zeichnungen zwischen 1994 und 2014.

Citrus Citrea, 2014

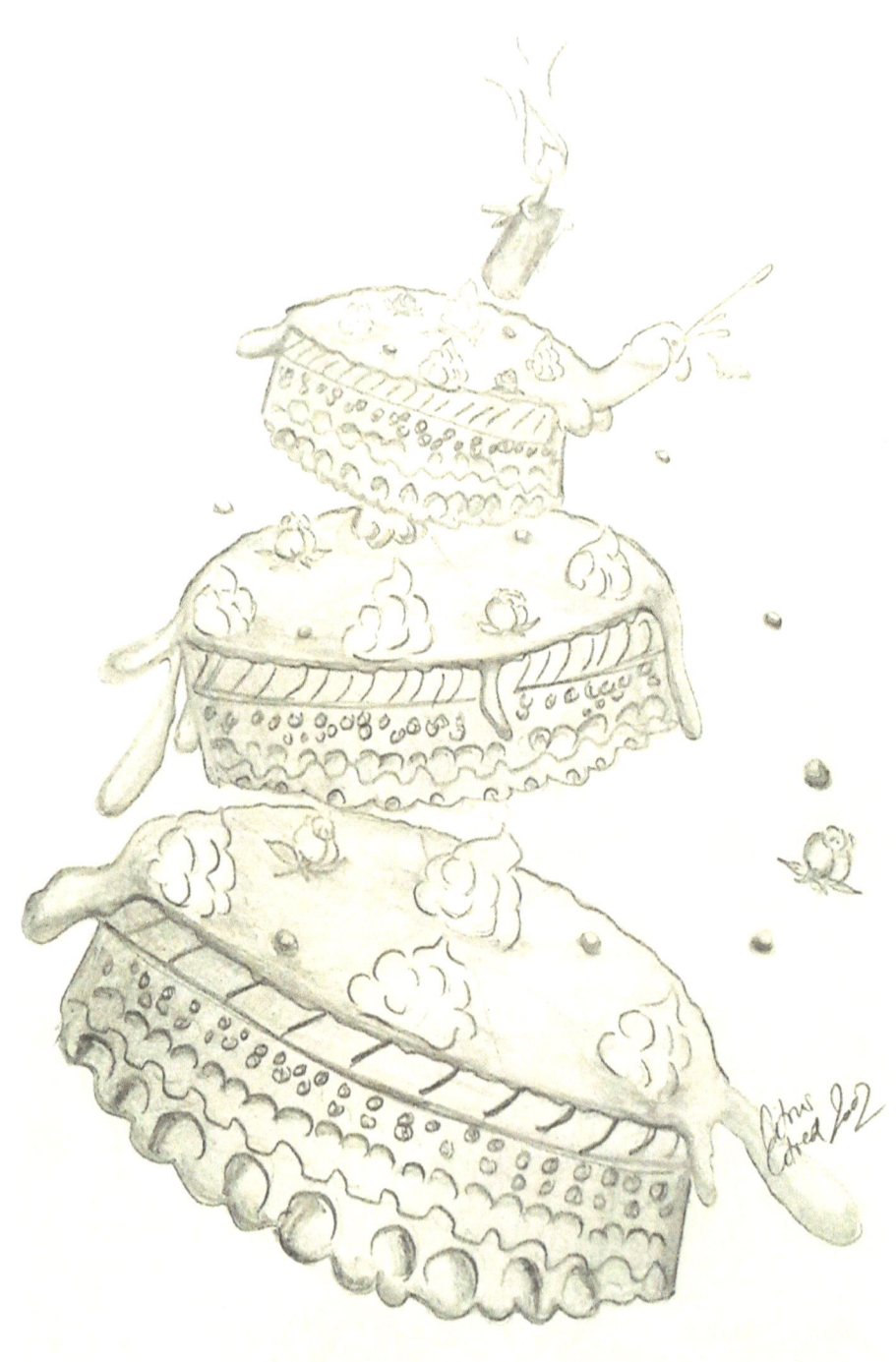

Citrus Citrea: SEX-icon

## **orgastisches Tortenfressen**

ja, Mandelnuss - fein wie ein Kuss

beide die Kecken sie wollen probieren
zu stopfen die Bäuche - voll - ohne studieren
zu essen die Torte
die grosse der Sorte

    gesagt, getan
    schon stand der Plan
    gekauft die Torte
    die grosse der Sorte

sie stellten die Torte inmitten des Raums
betrachteten sie die gezuckerte Pracht
die Spitze gerahmt mit Rinnen des Saums
des Gusses am Fusse der Torte, gebt acht!

Türmchen um Türmchen derb bunt durchmischt
Erdbeertorte mit Sahne garniert
köstlicher Pudding im Innern erfrischt
Zuckerrosen mit Gelben verziert

    auf los geht' s los
    wer kriegt das Los
    die Frau sie ist' s
    die Erste die isst

ganz hastig sich auf den Marzipan stürzt

*Citrus Citrea: SEX-icon*

sehr langsam und zögernd den Happen verschlingt
der farbigen Torte die Spitze gekürzt
mal sehen ob 's dem Manne genau so gelingt

geschwinde selbst die Rosinen erhascht
nun greift nach den Rosen den leckeren welch Schmaus
sehr schnell den Guss der Torte rasch nascht
da plötzlich fliesst Pudding dem Inneren draus raus

    Ach Stück für Stück für Stück
    Ei, welch ein Glück ein Glück
    fressen die Torte
    die grosse der Sorte

        verschlingen und lecken und schlürfen zugleich
        geniessen die fetten die dickeren Stücke
        die Beeren des Kuchens, Herr je wie ein Scheich
        so dass es den beiden den Leib reiss in Stücke

        schmatz, schling, rülps und schmier
        schneller sie hamstern und naschen
        isst, frisst – ach, welch´ Gier
        eifrig ihr Eigentum haschen

*Citrus Citrea: SEX-icon*

                                          bald nichts mehr da
                                          das Ende sei nah
                                          bald weg ist die Torte
                                          die grösste der Sorte
                                          ruck! zuck!leck! weg!

Sie… fallen… aufs Bett… und… lallen…wie nett...

*Citrus Citrea: SEX-icon*

## **Pralineneifersucht**

die
Praline
am verbotenen Orte
weilt und wartet
bis einer sie isst
vor anderen geschützt
nicht berührt und bewacht
braunschwarz königliche Exzellenz
in der blanken und
rund geformten kristallenen Schale
- ruhend -
halb bedeckt mit bordeauxfarbener glatter Serviette
jene blitzschnell zur Seite geschoben
rasch nach dem Kakaoschmaus gegriffen
mir gehörst du!
dich will ich fressen!
sodass es kein anderer mehr tut!
Zeigefinger und Daumen
umklammern das Riesenfettatom
fortan schmilzt die buttrige Kost
fortan ich am süsslichen Bissen rieche
in den Mund geschoben
langsam zergehend
sich auf der Zunge verteilt…

### **Genesis der Eidechsen**

es
umwinden
umklammern
umgreifen
einander
die Echsen
mit flüchtigen
schnellen Bewegungen
grün gefärbten gemusterten Rücken
geschwind wendende nackte Körper
nach dem anderen Maul schnappend
Atem holend
gierig schlingend
um den anderen
windend klemmen
heftig drückend
innig klammernd
zärtlich beissend
rollend saugen
Säfte austauschend
Hunger stillend

## il bacio divino

cammino nel deserto
pietre nude bianche
sulla sabbia asciutta
intorno
riposano da secoli infiniti
nel nulla del tempo
in questo luogo caldo infernale
abbandonato
qua e là un cactus
aspetta le prossime piogge

è il mio destino?

nessuno me lo può dire
durante questa dura
lunga camminata
questo sole giallo
lucido e splendido
accarezza la mia faccia
la mia vista è carica
tutto un caleidoscopio
rubandomi il sogno
che mi stava regalando la speranza
di trovare solamente tra un attimo un'oasi

le scarpe comperate trent'anni fa
sono strappate
addirittura rotte

camminavo troppo
le vecchie punta dei piedi
già da tempo
hanno bucato le scarpe
adesso mi danno fastidio
persino le scottature delle piante
la sabbia bianca
brucia

mi fermo disperato
aspetto perplesso
respiro profondamente
un dolore crudele mi trafigge
come una spina nel cuore
dov'è il cuore?

DIO, DOVE STAI?

di fronte
all'orizzonte
scorgo un' oasi
deve essere il paradiso
mi avvicino pian piano
non può essere non
è reale
il lamento assai depresso
le lacrime scorrenti
rinfrescano l'anima mia
ed ogni passo diventa più facile

*Citrus Citrea: SEX-icon*

corro
respiro
tremo
piango
mi lamento
animale
vai vai
non fermarti
bestia
ecco!
l' uomo che vede

volgo lo sguardo verso l' aurora

al diavolo
maledetta schiavitù
oh - che dolore
che seccatura
questo sia il prezzo?

cespugli verdi
erbe profumate
fontane
con acqua fresca e limpida

ho fretta
vado
cammino
mi ammazzo
alberi

*Citrus Citrea: SEX-icon*

con frutta di tutti colori
viticulture
dappertutto
che sete
sciacquo le mani
la testa
i piedi
bevo il più presto
a lungo possibile
perché ho paura
di non allattare mai
perdendo la quota

mi riposo
sotto l'ombra d'un gran albero
un gigante
il mio corpo ferito si riposa
l'anima spezzata
guariscono le bruciature

svegliato
mi giro verso un ramo d'uva
raccolgo il frutto assai maturo
di colore rosso
viola quasi blu
sento l'odore della frutta
incantandomi
mi vengono i ricordi
della gioventù ingenua

*Citrus Citrea: SEX-icon*

chiudo gli occhi
pian piano mordo
con tutta tenerezza un pezzo d'uva
prudentemente
lentamente
scorre il dolce succo sulle labbra
goccia dopo goccia
in bocca mia
respiro
profondamente
calmo resto perplesso



DIO, DOVE SEI STATO?

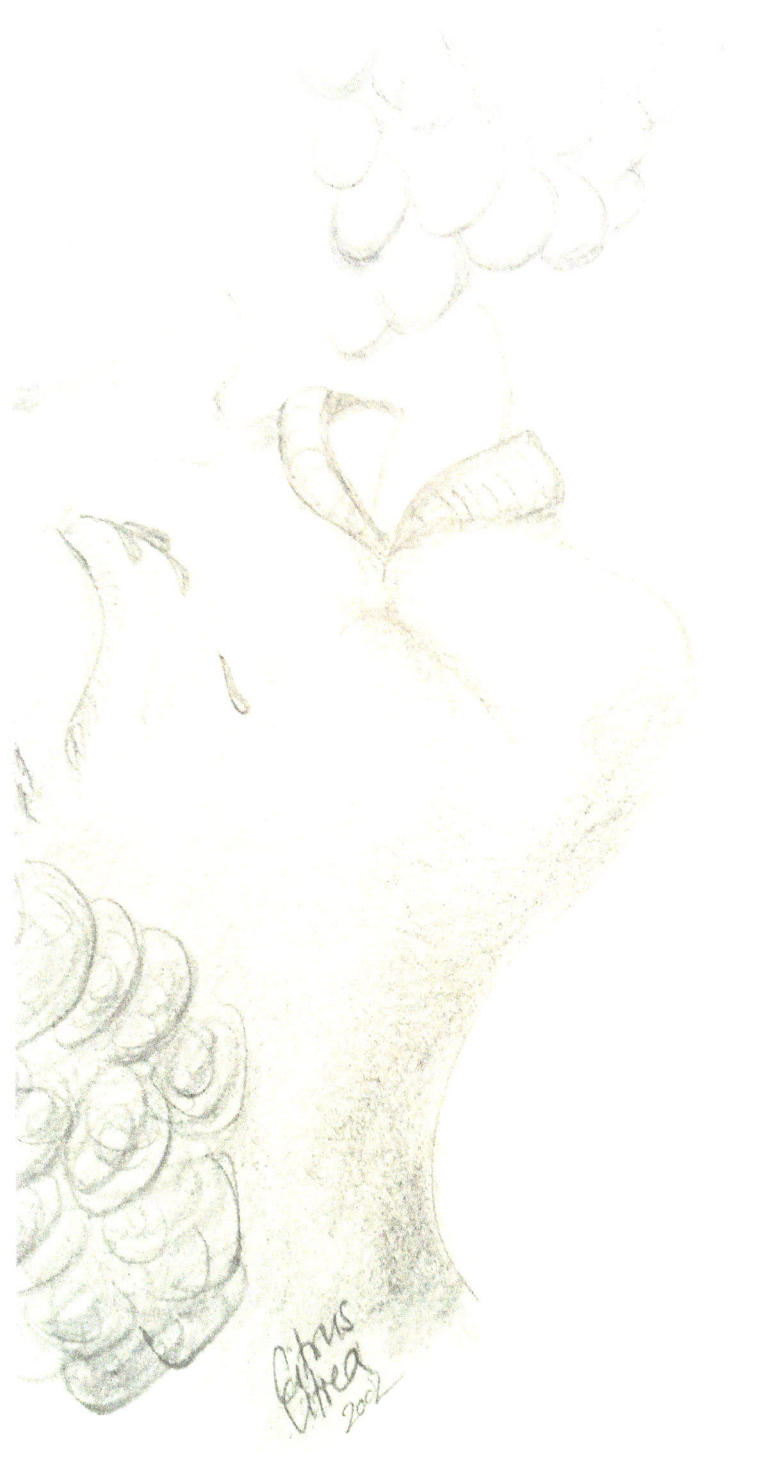

Citrus Citrea: SEX-icon

**luce**

piansi durante
il viaggio eterno
nella notte
dormendo
accanto la morte
aspettai
pensando e sognando
d'una luce infinita
l'oscurità mi diresse
miei peccati mi spinsero
irraggiungibile l'orizzonte
credei di cadere
                 - ma -

cancellata la pellicola
faticosamente
apro gli occhi
sudata
mi giro nel letto
morbido
da un lato all'altro
mi sposto
mangio una fetta
di limone
gialla
acida
persino negli occhi
scorgo razzi di sole

Citrus Citrea: SEX-icon

lucidi

guardo dalla piccola finestrina
scuretti rossi mai chiusi
ampio ed esteso
il campo di segale
dorato
pronto per il raccolto
chiaro l'orizzonte
mi fa pena negli occhi
il succo di limone
però mi costringo
ad osservare la fetta
graziosa
un bianco immenso
sole canuto
estendosi
non sempre accorto
trasformandosi
in un limone rotondo
stato
mai sparito
assai presente
senza fine
raggiungibile
con nessun fiato
qui
adesso
davanti a me
dandomi                    un sogno?

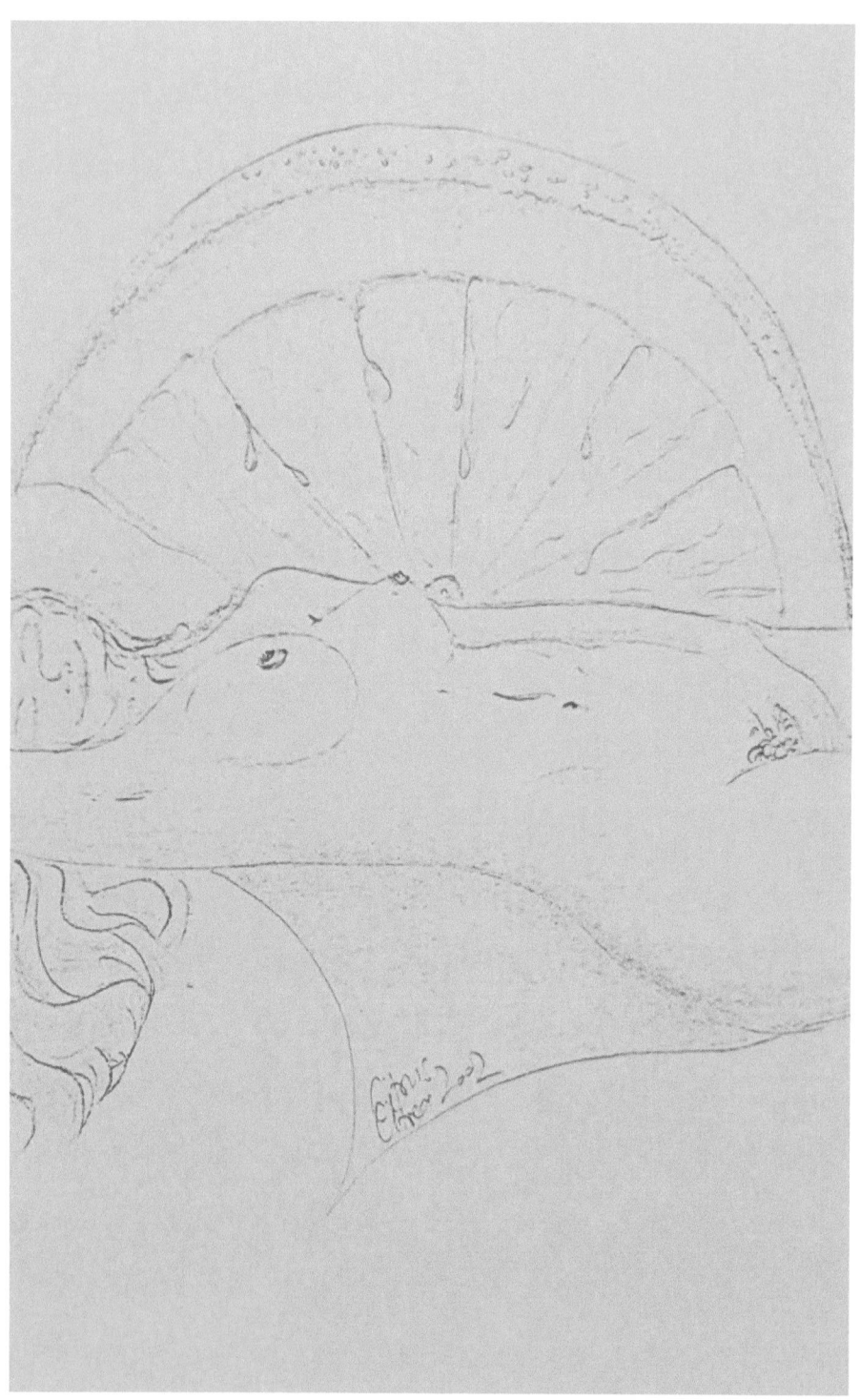

*Citrus Citrea: SEX-icon*

**enthüllte Orange**

behutsam greife ich
nach der orange leuchtenden Frucht
rieche einen süssbitteren etwas stechenden Duft
beim vorsichtigen Durchbohren der Schale
ziehe an der dichtdicken Hülle
Schicht um Schicht
des mir bevorstehenden
göttlichen Genusses
der seit der Ernte darauf wartete
von mir enthüllt zu werden
sich danach sehnte
endlich seinen innersten Zitruszauber zu offenbaren

*Citrus Citrea: SEX-icon*

- nicht lange -
und er liegt enthüllt auf meiner Hand
zärtlich teile ich die splitternackte Orange
entlang eines ihrer weichen Meridiane
umgeben von lippenförmigem
prallgefülltem Fruchtfleisch
abgetrennt durch hauchdünne Häutchen
die erst durch den sanften Druck meiner Finger
langsam
dabei Nektar heraustropfend
sachte nachgeben
die eine Hälfte führe ich zu Munde und
ein satt süsslicher Duft durchdringt
meine Nase

*Citrus Citrea: SEX-icon*

ich schnappe eidechsenartig mit meinem Mund
nach dem einen Lippenteil
worauf ich sehr fein beisse
eher klemme
suche gierig mit der Zunge nach dem
nun herausquellenden
süssen und sauren
Fruchtsaft
viel penetranter
steigt der Geruch meinem Riechorgan empor
was meine unersättliche Lust
zum heftigen Verzehr dieses Zaubers stark anregt
sauge gleichzeitig am triefenden Fruchtfleisch
Saft vermischt sich mit meinem Speichel
ich wiederhole den Vorgang
augenschliessend
zögernd
innehaltend

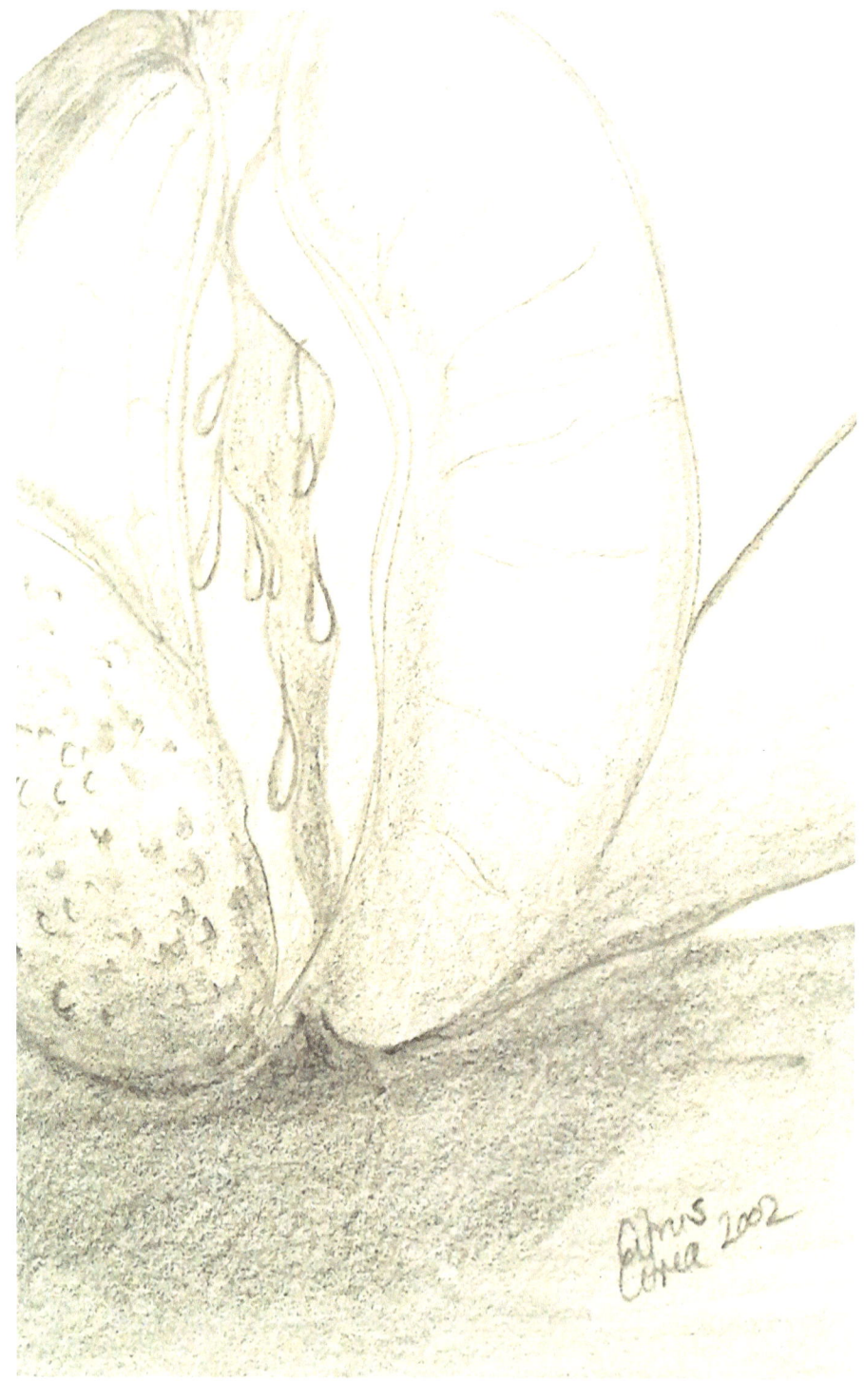

## Tomatenentspannung

ich blicke
auf die Schüssel
mit der letzten
San Marzano
Tomate
        feuerrot
        prall gefüllt
        silbern matt
        ihr Glanz

ich greife
nach ihr
        kühl anfühlend
        mit braunen Erdflecken
ich rubble
an den Flecken
versuche diese
weg zu rubbeln

    reibe
    mal sanfter
    reibe
    mal stärker
    an allen Flecken
    reibe
    im Rhythmus
    im Takt
    unter einen Wasserstrahl

*Citrus Citrea: SEX-icon*

    halte ich sie
    die rote Majestät

                  das Wasser drückt
                  mit Hochdruck
                  auf alle Flecken

                  reibe

                  ich bringe
                  die Erdflecken
                  fast nicht weg
                  bringe sie
                  nicht weg
                  weg von der Tomate

                  reibe

                  lecke
                  mal stärker
                  das Wasser drückt

ich benutze
nun voller Tollwut
schier hyperventilierend
verzweifelt
die ganze Handfläche
reibe
drücke
stärker

*Citrus Citrea: SEX-icon*

das Wasser strömt
fliesst
über meine Hand
kühlt
die warm gewordene
Tomate – sie – platzt!
     Samen
                             Säfte

          schiessen
                                     spritzen

                             Säfte
     Samen
          schiessen
durchs
Becken
fontänenartig
einem Feuerwerk gleich
fliessen
über meine Finger
über die Handfläche
Handballen
Sekunden
entlang meines Armes
gequirlt
Sekunde
aus
die Flecken weg

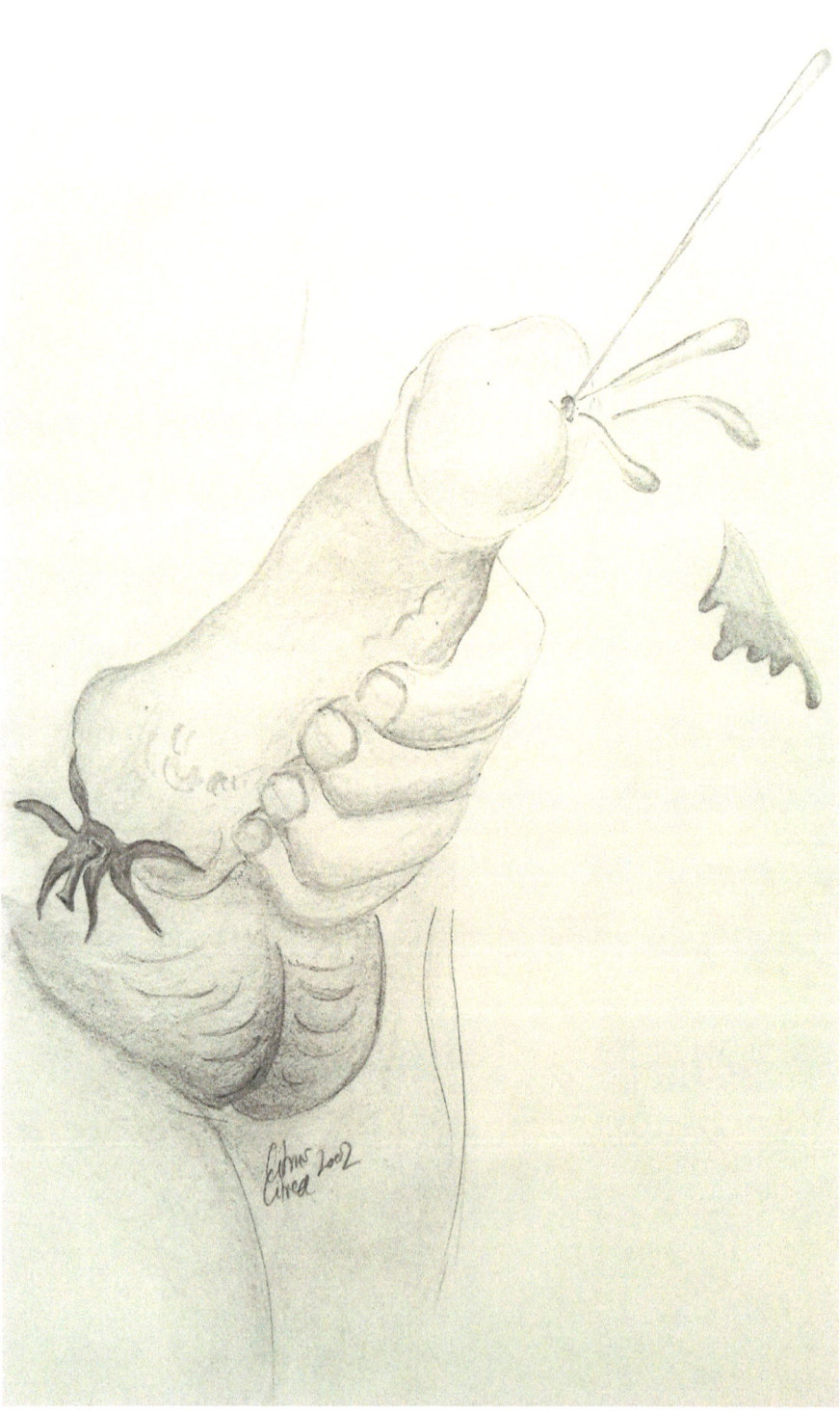

Citrus Citrea: SEX-icon

**scharfe Currysbestie**

man erzählt von Tantra  
erzählt man von Erfahrenem  
im Lokal zu Curry  
zu scharfem im Lokal  
im Lokal mit stark  
stark durchbluteten Lippen

Tier im AnmArsch  
mit Worten sehr flink  
züngelt  
unerwartet gleich gepackt  
nein  
schnaubt das Pferd  
frisst aus dem Fresstrog  
NEIN!

frisst gleich den Fresstrog  
zu scharf  
heiss  
viel schärfer als sonst  
Prickeln der Lippen  
Eis zum Löschen  
FERTIG!!! der Zauber ist um

Citrus Citrea: SEX-icon

## mathematischer Hintergedanke

rechne
lese
schon seit einer Weile
nach dem Essen
während des Verdauens
rackere mich ab
mein Hirn stark geschwächt
alles flimmert
Sinus
Cosinus
Tangenssteigungen
Cosinus
Sinus
Tangenssteigung
Cosinus
Sinus
Coitus
Siiiiinus
Tangensbesteigung
Sinus
Tangensbesteigung

Besteigung

Be-steif-ung

bis zum
L i m e s

Citrus Citrea: SEX-icon

Lateinisch für Anfänger und Anfängerinnen:

**consuetudo**

                fututor
    et
                fututrix

                    in domo
                        in villa
                              in agri
                                    in foro

                                amant

*Citrus Citrea: SEX-icon*

## **la petite mort des insectes**

il mattino
porta
l'ape reale
     è primavera
              il gelo
              del
              febbraio
              però
              la congela
                          -morta-
              con lei
              tutta
              la
              futura
              popolazione
                          -sosta-
              perde la vita
              lascia l'anima

la pulce d'acqua
innamorata della regina
perdona
amaramente

                        -CRISTO-

per amore

Citrus Citrea: SEX-icon

## Wyehnachtsengel

## in

## St.Moritz

psst
psst
psst
lyslig
flüschtered
lyslig ryslet
de glytzerigi Schnee
z St. Moritz
uf de Wyehnachtsengel
uf die zwei
Tannezapfe

abe

es glitzeret
still
still
s Anneli freut' s
still
still
en Huch
fascht stumm
stumm

*Citrus Citrea: SEX-icon*

## il sorgere dell'oceano

pronta
per la prossima
ondata
come l'ondina
nell'onda
già aspettavo
-dormendo-
nel silenzio
della marea
oceano immenso
misterioso
mare salato
schiumoso
nella notte
poi
nel letto
di alghe ammucchiate
l'acquario testimone
vede
la vergine
lei stava

-sognando-

*Citrus Citrea: SEX-icon*

di un ballo degli scorpioni
marroni
nel mezzo del deserto
sabbia
bianca
pietre
nude
grigie
allora
si sentì
la voce calda
composta di minuscole ondate
frizzanti
nell'orecchio c'entrarono
diffondendosi
in secondi
attraverso il corpo
recandosi
in ogni cellula
l'energia che fonde
ogni ostacolo
teneramente
mi trascina
un brivido scottante
onde e ondine
in ogni movimento
movimento docile
un brivido riscaldante
-svegliandomi-

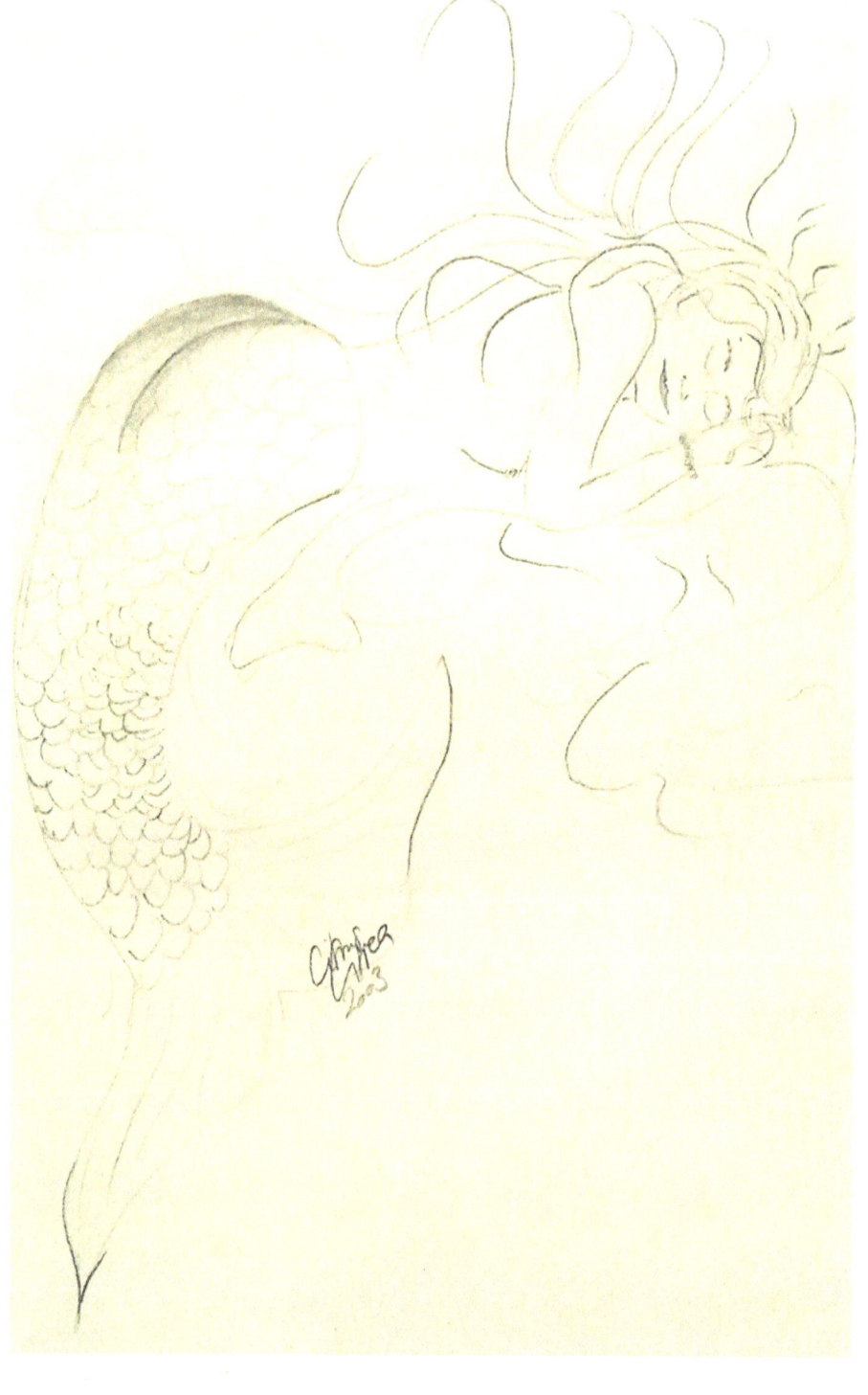

Citrus Citrea: SEX-icon

## Heubodengeflüster der Landliebenden

was raschelt da?
was kichert da?
        durchs Heu hört man
     das Dirndl-weiss-Sockerl-Maderl
           und
     den Sepperl-Leder-Hosen-Burschen
         Versteck spielen

plötzlich schiesst ein Licht durchs Gebälk
die Bäuerin öffnet gerade die Dachluke
oh, was ist da?
       moppelgrosse Eier liegen im Nest

         - sie mustert sie -

    tastet freudetrunken nach ihnen
    fühlt die warmen an ihren Wangen

  vom Burschen und Maderl jedoch keine Spur

nur die Sonne beobachtet majestätisch friedvoll
das entzückende Zwitschern
des frechmelodischen Vogelspiels
   das Rauschen der
    willig Köpfchen schwenkenden
   niedlichen gelben Butterblümchen
     zusammen mit dem saftigen  grünen
     jungfräulichen Gras

*Citrus Citrea: SEX-icon*

        im Rhythmus des Windes
wiegen


      mustert die Hühner und den Hahn beim
      geduldigen und geschäftigen
      Suchen und Scharren nach Würmern
      oh, eine Henne hat Glück!
      zieht sanft am Wurm
                    der arme Kerl – so durchgestreckt!

der plätschernde Brunnen
auf der prächtig blendenden sonnigen Alm
lässt sich davon nicht abhalten

      der Bauer melkt gemütlich heiter
      mit weiterem Melkfett seine Kuh
      trinkt einen Schluck der frischen
      noch lauwarmen Milch

    innehaltend – blitzschnell – umher schielend – sich
                  fragend

            während das Rindvieh mit der
          Zunge gierig an den üppigen Kräutern
              forsch und kräftig viril reisst
       kitzelnde Fliegen verscheucht es mit seinem
                         Bommelschwanz
na und wo sind denn das Maderl und der Bursch?!
        - nur kichern und rascheln -

Citrus Citrea: SEX-icon

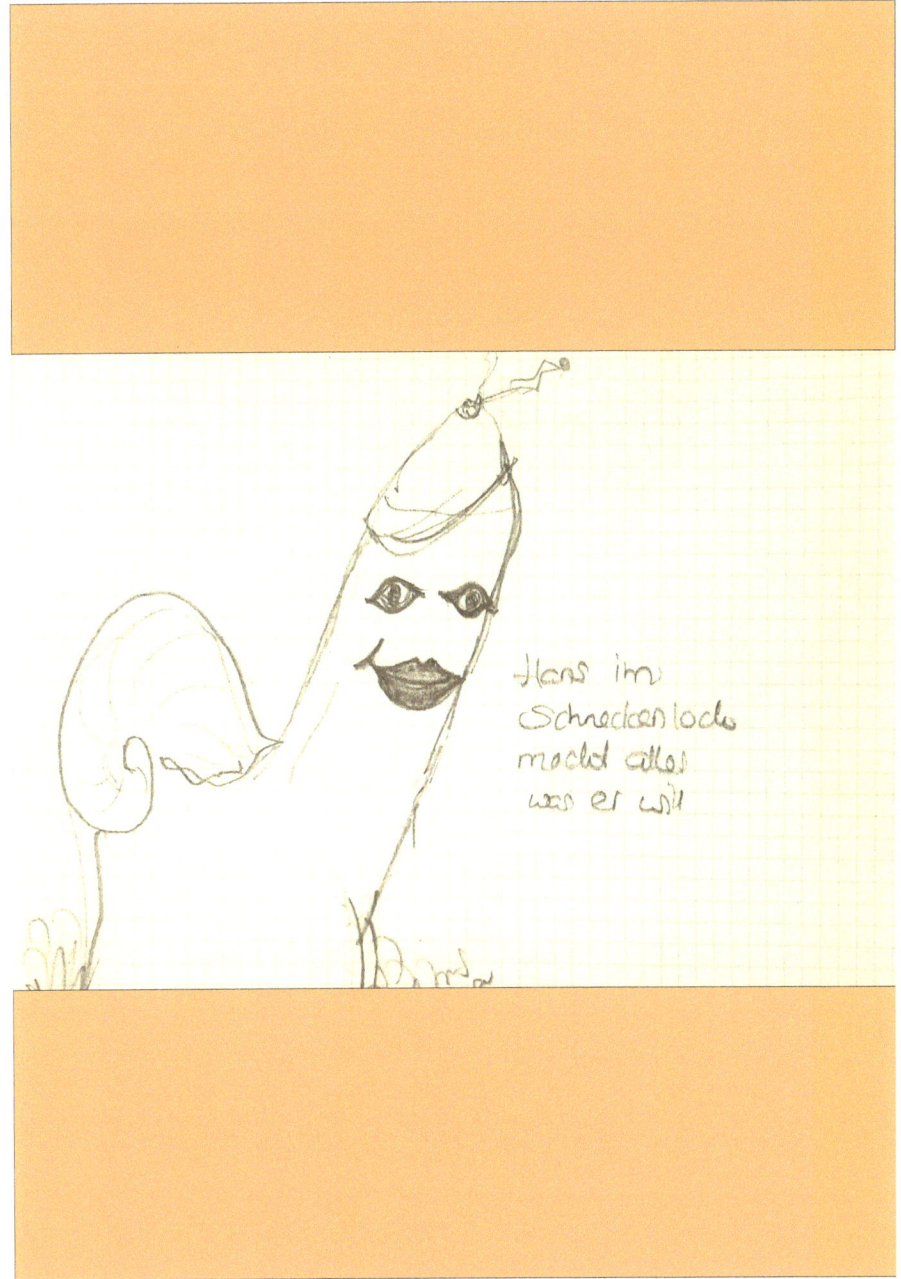

Citrus Citrea: SEX-icon

### il fabbro da radio magma

mh
sei
troppo
forte
si riscalda
tutto
scotta
vaporizza tutto
il fabbro
butta
il carbone
nel fuoco
così
diventa più caldo
più scottante
il fabbro
conosce il suo lavoro
si riscalda
scotta
brucia

*Citrus Citrea: SEX-icon*

conosce
il suo mestiere
il posto
dei
m-i-c-r-o-f-o-n-i
dei bottoni
del
B O T T O N E
si mette
in ondaaaaaahhhhhil
il maestro radiofonico
ritira
il dito
sente
ogni contrazione
d'ogni muscolo
respira
profondamente
si sente
ogni respiro

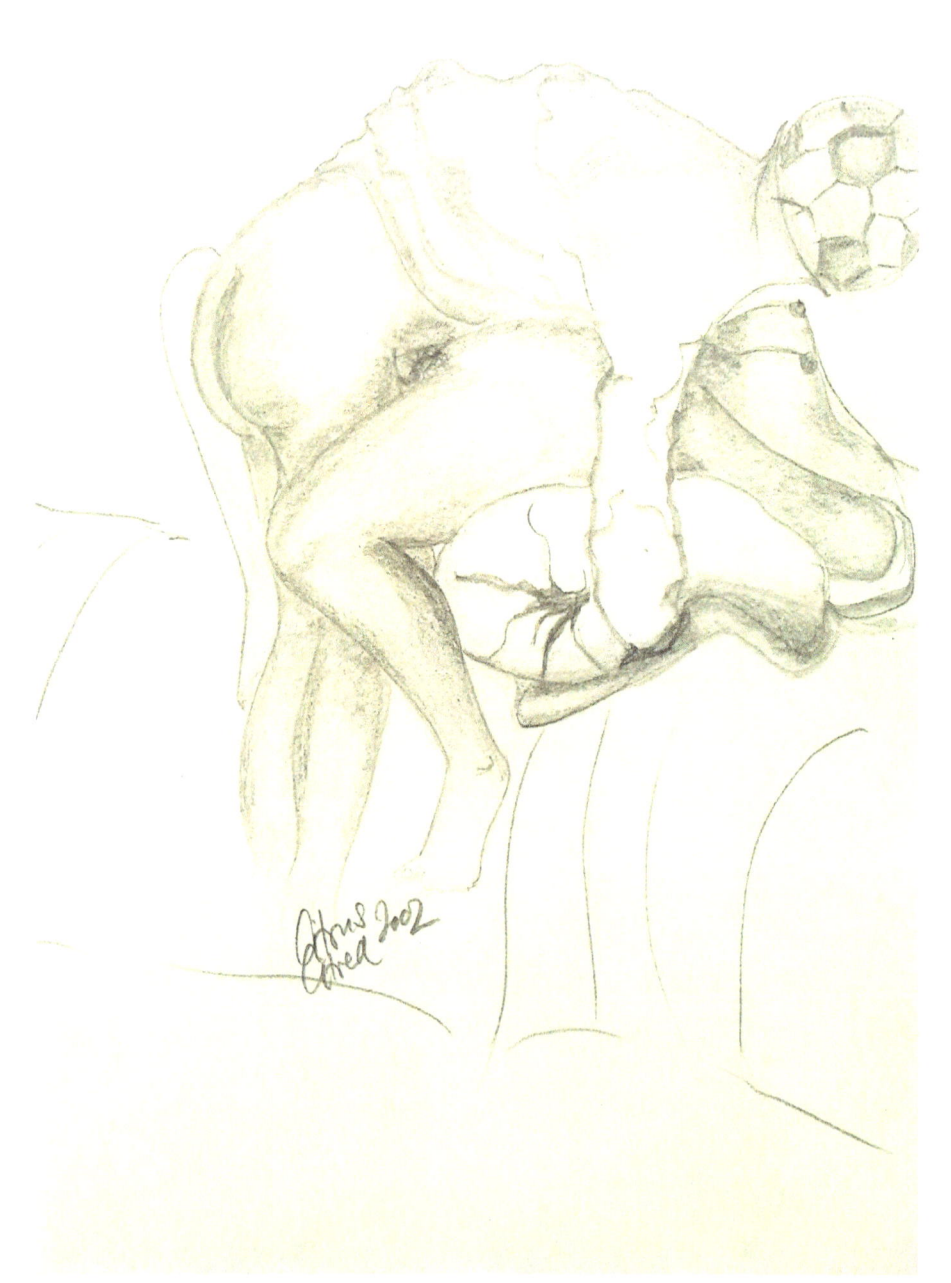

Citrus Citrea: SEX-icon

                                                             poli
  tische

                                                           Vor-
stösse

                       hundert
                    der Sorte
                        zehn
                      pro Jahr
                      mal ein
                      mal aus
                      auf los
                    der Stoss
                        GOAL
                        GOAL
                        GOAL
                        GOAL
                      GOOOAL
                  GOOOOOAL
                    GOOOAL
                        GOAL
                        GOAL

                      JAAAAA!

              z e h n   J a h r e   l a n g

*Citrus Citrea: SEX-icon*

## ventata inumidita & feuchter Windstoss

    la
    velatura
    veglia
    maestosamente

    venere velata
    dell'albero si presenta
    come una forza virile

            la prua della corazza
            viene spinta con molta voglia
            nel mare vergine
                      azzurro
                      fresco
            la tela di vela
                      bianca
                      issata
            riempita
            di ventate
            umide
                si bagna
            la conchiglia
                      chiara
                      viene   abbracciata
                  da ogni goccia
                      d'acqua

Citrus Citrea: SEX-icon

                      incontrata
                      sono tiepide

                            la chiglia
                                    liscia
                            le riflette
                            teneramente

causando scia
schiumosa
fina
tira il vento
bisbigliando
canti dolci
causando onde
accarezzanti
docili
        il sole come testimone
        lucido
        osservando
        riflesso
        grazie a sua luce
        svela ogni mistero


**feuchter Windstoss & ventata inumidita**

        das
        Segelwerk
        wacht
        majestätisch

Citrus Citrea: SEX-icon

die verhüllte Schönheit
des Mastes zeugt
von männlicher Kraft

      der Bug der Muschelpanzerung
    wird gestossen
   kraftvoll
in das unberührte
jungfräuliche
hellblaue frische Meer
      die feuchten Windstösse
    erfüllen das
          Segeltuch
              weisse
              gehisste
        die helle
        Muschel
        wird nass
            sie begegnet
                manch einem
            lauwarmen
            Wassertropfen
            wird von ihm
                gleich umarmt
            der Kiel
                reflektiert sie

    zärtlich
schäumendes und feines

Citrus Citrea: SEX-icon

Kielwasser auslösend
es weht der Wind
süsse Gesänge flüsternd
liebkosende und hörige
Wellen verursachend
      die Sonne ist die Zeugin
      leuchtend beobachtend
      reflektiert
      dank ihrem Licht


      *jedes Geheimnis*
      *enthüllend*

Citrus Citrea: SEX-icon

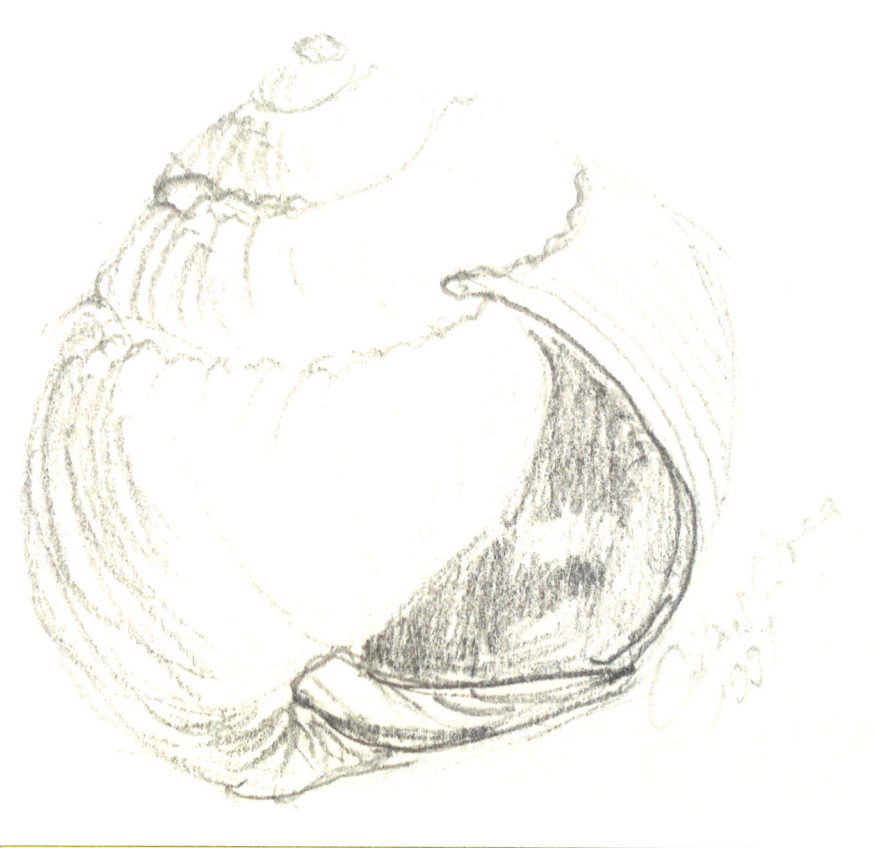

*Citrus Citrea: SEX-icon*

### **afrikanische Blütezeit**

aus der tiefdunkel
bordeauxfarbenen
Rose erklingt flüsternd
eine herbsüsslich
afrikanisch
duftende Melodie

der Löwe erliegt hörig gebändigt seiner Löwin
hörig gebändigt erliegt die Löwin ihrem Löwen

in der heissmilden
weitebenen
Septembersteppe
im Goldschein
der Abendsonne

*Citrus Citrea: SEX-icon*

**volo planato**

salto
dalla roccia
giù
mi lascio
cadere
stendo
le ali
tira il vento
fischia
vicino all'orecchio
sento
il mio polso
ritmico
le ali
si muovono
automaticamente
il vento caldo mi porta
più sù
verso il cielo azzurro
stomaco in sospeso
come in un ascensore
in una dimensione
nell'al di là

non penso
un vuoto d'aria
non mi colpisce niente
niente urta contro
cambiamento d'aria
fredda
ventosa
mi sorprende
ho voglia
di raggiungere
il sole
-ma-
temo
che quel calore
intenso
scotterà
sento la pressione
atmosferica
scendo plano

*Citrus Citrea: SEX-icon*

**Göttlicher Dauerorgasmus**

Gottes Präsenz
in allem schaltet

gestern
heute
morgen
ewiglich
weilt

Gottes Existenz
in jeder Sekunde
im Wesen aller waltet

sich in einem
Zustand des
farbigen Dauerorgasmus
befindend

## giorni di pioggia

        goccia
goccia lì
              goccia là
            dal cielo giù
            sul tetto là
            sulle strade lì
            scorri
            giù nel fango
            che avventura

                    goccia
                goccia lì
                        goccia là

                        perdendo tua
                        casa
                        trovando i
                        compagni
                        sulla terra
                        già bagnata

gocciole vengono e
vanno
rinfrescano l'essere verde
l'esistente
riempiono i pozzi
i laghi
cercano di trovare

Citrus Citrea: SEX-icon

col fiume gigantesco
coi ruscelli minuti
le loro mete indefinite

                      si mescolano le materie
                      l'acqua limpida
                      con la terra rossa

poi nella notte
in quel buio
assai depresso
ci si trovano
                pantani pericolosi
    vortici violenti
                          mari mostruosamente mossi
        malinconicamente morti

            goccia
        goccia lì
                goccia là
            dal cielo giù
            sul tetto là
            sulle strade lì
            scorri giù nel fango
            che avventura

                      vedi l'alba
                      gocciola
                      ti trovi davanti
                      allo splendore di

*Citrus Citrea: SEX-icon*

      raggi di sole
           sembri lucida lucente
           quasi una perla
           metallica
ti diverti
finché sarai vaporizzata
a mezzo giorno
in quel calore
di questo sole potente
per tornare su
nel cielo azzurro
tra le nuvole splendenti


    goccia
goccia lì
      goccia là
   dal cielo giù
   sul tetto là
   sulle strade lì
   giù nel fango

        - che avventura -

Citrus Citrea: SEX-icon

- was für ein Abenteuer -
die Liebe
Citrus Citrea

www.ingramcontent.com/pod-product-compliance
Lightning Source LLC
Chambersburg PA
CBHW040242220526
45473CB00001B/337